AF331197

NOTE SUR LES TRAVAUX

DU

PORT DE SAINT-PIERRE

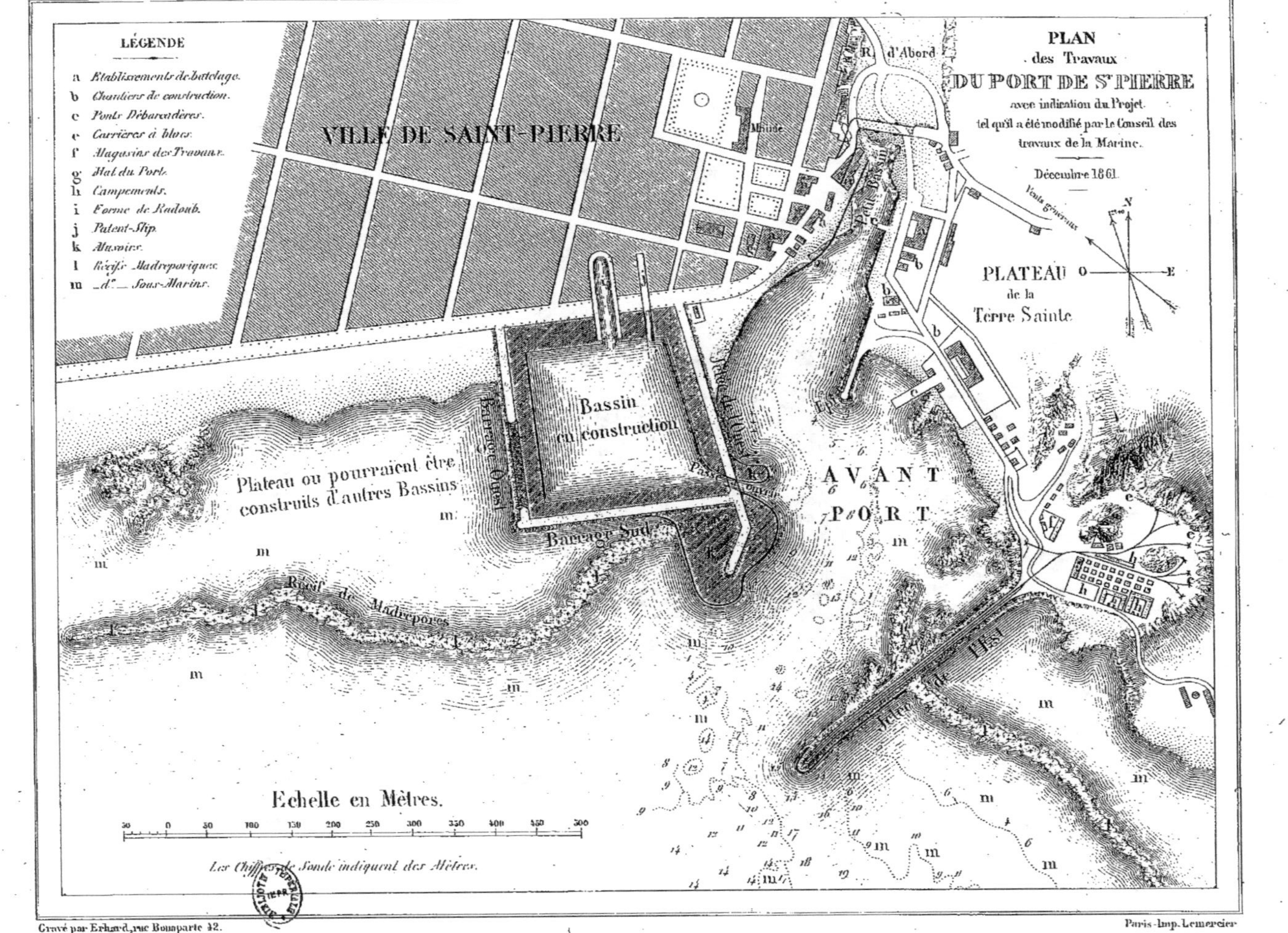

PLAN
des Travaux
DU PORT DE St PIERRE
avec indication du Projet
tel qu'il a été modifié par le Conseil des
travaux de la Marine.
Décembre 1861
Vents généraux
N
O
E
PLATEAU
de la
Terre Sainte
R. d'Abord
VILLE DE SAINT-PIERRE
Rhude
Bassin
en construction
Plateau ou pourraient être
construits d'autres Bassins
Barrage Ouest
Barrage Sud
Récif de Madrépores
AVANT
PORT
LÉGENDE
a   Etablissements de batelage.
b   Chantiers de construction.
c   Ponts Débarcadères.
e   Carrières à blocs.
f   Magasins des Travaux.
g   Hal du Port.
h   Campements.
i   Forme de Radoub.
j   Patent-Ship.
k   Abusoirs.
l   Récifs Madréporiques.
m   d.º Sous-Marins.
Echelle en Mètres.
50   0   50   100   150   200   250   300   350   400   450   500
Les Chiffres de Sonde indiquent des Mètres.
Gravé par Erhard, rue Bonaparte 42.
Paris.-Imp. Lemercier

NOTE SUR LES TRAVAUX

DU

PORT DE SAINT-PIERRE

PAR

UN CRÉOLE DE L'ILE DE LA RÉUNION

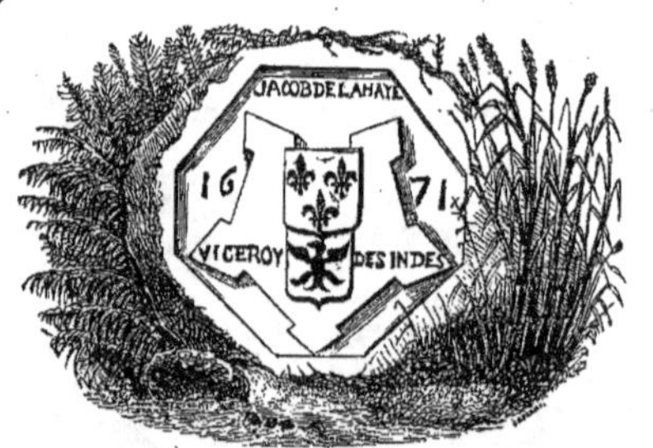

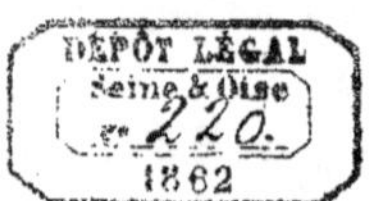

SAINT-CLOUD

IMPRIMERIE DE Mme Ve BELIN
RUE DU CALVAIRE, 5

1862

NOTE SUR LES TRAVAUX

PORT DE SAINT-PIERRE

Depuis quelque temps, l'opinion publique, en France, se préoccupe de la construction du port de Saint-Pierre, à l'Ile de la Réunion; des travaux qui y ont été exécutés et de ceux qui restent à faire pour enrichir cette belle colonie de cet indispensable complément.

Malgré l'évidence des faits, malgré l'autorité qui s'attache aux déclarations officielles des hommes spéciaux et aux décisions d'une administration impartiale et éclairée, quelques voix se sont élevées, ainsi qu'il arrive toujours, avec la prétention de sacrifier l'intérêt général à des vues chimériques et exclusivement locales.

Sans doute, une semblable protestation restera vaine; et, ni l'administration, ni la science ne changeront leurs décisions au gré de l'esprit de clocher

Il est utile cependant de dissiper les incertitudes qui pourraient subsister dans l'opinion des hommes qui n'auraient pas été complétement éclairés sur tous les éléments de cette grave question : le port de Saint-Pierre.

Nous tenterons de le faire, en apportant dans ces réflexions un esprit exempt de prévention et de partialité.

Il n'en saurait être autrement : nous sommes également étranger, par notre origine, et à la commune de Saint-Pierre, où des travaux considérables se poursuivent avec activité, et à la commune de Saint-Paul qui prétend à une préférence tardive : nous avons habité dans l'une et dans l'autre pendant de longues années ; nous n'y avons aucun intérêt personnel à défendre; et, fixé désormais en France, nous n'avons qu'un désir, la prospérité de l'île de la Réunion, notre patrie.

Mais nous croyons nous devoir, avant tout, à la vérité et à l'intérêt général.

D'ailleurs, notre opinion personnelle ici n'est rien ; ce qu'il importe de mettre en lumière, ce sont les faits, c'est l'irrécusable autorité qui appartient aux décisions des hommes de l'art, décisions approuvées par l'administration coloniale et définitivement sanctionnées par le gouvernement métropolitain.

Il est inutile de soumettre à l'intelligente attention du public des considérations banales sur la nécessité d'un port à la Réunion, en vue des intérêts commerciaux et maritimes de la colonie et de la métropole.

Cette nécessité a été reconnue dès la création de la colonie.

Il s'agit seulement d'exposer les motifs qui ont déterminé le choix de la côte de Saint-Pierre, comme étant la plus favorable à la complète réalisation de cette grande idée; de faire connaître quels travaux ont été faits, quels résultats déjà ont été obtenus, et quels sont ceux dont la certitude est démontrée.

Nous n'aurons pas recours, pour édifier le public, à des appréciations que l'esprit de clocher et l'ignorance des travaux maritimes rendraient, à bon droit, suspectes. Nous ne produirons que des documents officiels, authentiques, dont nul ne saurait contester la valeur.

De tout temps, la construction d'un port, à l'endroit si heureusement nommé par les premiers navigateurs « *la Rivière d'Abord* » a éveillé l'attention des hommes spéciaux.

En 1773, le capitaine de vaisseau de Tromelin en avait dressé un plan qui existe encore aux archives du dépôt des plans de la marine et qui figure comme illustration sur les anciennes cartes marines de l'île Bourbon. Un mémoire du Roi du 9 mai 1779, existant dans les archives de la colonie, et adressé à titre d'instruction aux administrateurs de ce pays, leur enjoignit de prendre connaissance du projet du sieur Tromelin et de s'entendre avec les habitants pour l'exécution des ouvrages.

Aussitôt que la ville de Saint-Pierre eut fait ses premiers pas dans cette brillante carrière de prospérité qu'elle poursuit encore, le bassin dont la nature avait doté son rivage servit de centre à l'embarquement des produits des communes avoisinantes et au débarquement des objets nécessaires à la consommation de leur population toujours croissante.

Là seulement, les caboteurs surpris par la tempête trouvaient un refuge assuré.

Le bassin de Saint-Pierre ou de la rivière d'Abord (pour nous servir de l'ancienne dénomination) présentait les rudiments d'un port naturel, tellement accusés, et telle était déjà son utilité, qu'en 1816 un navire de 400 tonneaux, le *Télémaque*, y fut construit et lancé.

Cependant, ni la métropole, ni la colonie n'avaient renoncé à l'idée de créer un port qui pût nous dédommager de la perte de l'île de France.

Des essais ayant été, dans ce but, tentés à Saint-Gilles, commune de Saint-Paul, la métropole, vers 1839, envoya à l'île de la Réunion, M. Siau, ingénieur en chef, avec la mission spéciale d'examiner les travaux faits à Saint-Gilles, d'étudier le projet d'un port dans cette localité ; et subsidiairement, dans le cas où il y aurait impossibilité démontrée d'y réussir, de déterminer l'endroit de la côte où cette entreprise serait exécutable.

Après de longues et consciencieuses études, M. Siau se prononça contre tout projet de création à Saint-Gilles, où malheureusement déjà 250,000 francs avaient été dépensés. Ayant ensuite exploré les autres parties du littoral, il admit la possibilité d'un bassin de carénage à Saint-Pierre.

Cette idée, qui était restée en germe dans tous les esprits réfléchis et impartiaux, il appartenait à M. Hubert-Delisle de la rendre féconde.

Ce Gouverneur, aujourd'hui Sénateur, était né et avait ses relations de famille et ses intérêts patrimoniaux dans une commune qui, tout aussi bien que celle de Saint-Paul, pouvait exprimer des prétentions à la préférence. Mais M. Hubert-Delisle, s'élevant par sa haute intelligence et son généreux patriotisme au-dessus de ces mesquines considérations, ne vit que la réalisation d'une idée grande et utile à son pays comme à la France.

C'est lui qui prit l'initiative des premiers travaux.

L'île de la Réunion lui sera éternellement reconnaissante !

Une souscription, ouverte en 1854, à laquelle prirent part les habitants de Saint-Pierre et de quelques autres communes, produisit une somme qui permit de commencer les travaux préparatoires.

Le conseil général vota à la même époque une première allocation de fonds.

Déjà S. E. le Ministre de la marine et des colonies, à qui le Gouverneur avait écrit qu'il était convaincu de la possibilité de construire un port à Saint-Pierre, lui avait répondu par une lettre de félicitations et d'encouragement.

Immédiatement on se mit à l'œuvre ; et, le 12 mars 1854, la jetée Ouest fut commencée.

On entreprit, bientôt après, la construction de la jetée Est et de l'épi.

La nature, comme par une merveilleuse prévision, avait placé, le long de la rive Est du bassin, un banc de roches basaltiques, dont l'exploitation offrit les matériaux les plus propres, par leur masse, à résister aux efforts de la mer.

Il est inutile de suivre pas à pas l'historique des travaux, depuis leur début en mars 1854.

Disons seulement quel était, à la fin de 1856, le résumé de ceux exécutés, déduction faite des études, sondages, creusements, entretien de la passe, etc., etc.

1° Une jetée, à l'ouest du bassin, dont la longueur était de. . . . . . . 277 mètres.
2° Une, à l'est, longueur. 215
3° Un épi. . . id. 98
                                        Longueur totale. . . . . . 590 mètres.

Ces constructions avaient coûté 387,565 fr., provenant des allocations coloniales, communales, et des souscriptions volontaires.

Cependant, le succès des premiers essais et la conviction qui, dès le principe, animait les ingénieurs coloniaux chargés de les diriger, avaient déterminé l'administration locale, sur la demande du Conseil Général, à solliciter de la métropole l'envoi d'un ingénieur en chef d'une capacité éprouvée, et qui eût une expérience spéciale des travaux maritimes.

M. Bonnin, attaché depuis longtemps au port de Cherbourg, fut nommé à ce poste de confiance.

Il arriva à la Réunion le 14 septembre 1856.

Sa mission n'était pas exclusivement limitée à la direction des essais tentés à Saint-Pierre : elle comprenait aussi, d'une manière générale, et en dehors de tous précédents, l'étude de tous les projets qu'il était possible d'exécuter sur le littoral de l'île.

Cet ingénieur se livra aussitôt aux investigations les plus attentives, explorant chaque point, étudiant les divers phénomènes dont l'action était un des éléments les plus sérieux de la question.

Le 8 août 1857, M. Bonnin adressait à M. le Ministre de la marine et des colonies un rapport sur tous les objets de sa mission.

Nous ne pouvons mieux faire que de soumettre au lecteur quelques extraits de ce document.

Après une description minutieuse de la côte de Saint-Pierre et du bassin que la nature y a creusé, il concluait ainsi :

« Ces éléments, qui seraient d'une médiocre valeur sur d'autres côtes que celles de la Réunion,
» prennent ici une importance toute particulière, parce qu'il n'en existe pas de semblables sur
» aucun autre point du littoral ; et ils rendent cette position préférable à toute autre, pour l'éta-
» blissement d'un bassin destiné aux grands bâtiments. L'avantage capital de cette position, qui
» se trouve au vent d'une grande partie de l'île, précédée seulement par des côtes rocheuses, qu
» fournissent peu de matières de transport à la mer, et en dehors des sables et des galets qui cir-

» culent autour des autres quartiers, est de permettre d'établir un port sur un fond à peu près
» fixe, et dans des conditions où il n'y aura pas à appréhender d'attérissement. »

M. Bonnin réfute ensuite les deux objections qui lui avaient été soumises, savoir : la mauvaise
tenue de la rade et la direction des vents généraux.

« La première (dit-il) n'a pas une grande importance, puisque la création d'un port aurait
» pour premier résultat d'abréger la durée des stationnements à l'extérieur, et permettrait même
» d'arriver à leur suppression complète, si les ouvrages étaient disposés de manière que l'entrée
» fût accessible directement pour les navires venant du large. Dans le cas le plus défavorable, les
» bâtiments n'auront à s'arrêter au dehors que quelques heures, lorsque l'entrée du port ne sera
» pas immédiatement praticable.

» La seconde objection serait d'un plus grand poids, si le choix de la position devait être com-
» mandé uniquement par l'intérêt des navires qui se trouvent en cours d'opérations autour de la
» colonie. Mais il n'en est pas ainsi : et, le plus souvent, il ne sera pas nécessaire de côtoyer
» l'île pour gagner le port. Car ce n'est pas au mouillage sur les rades, ni dans les trajets d'un
» quartier à un autre, mais plutôt dans les longs voyages à la mer, que les bâtiments essuient
» des mauvais temps et font des avaries qui les obligent à chercher un refuge pour se réparer.
» Peu importe, alors, la position du point particulier de l'île vers lequel ils auront à faire route;
» car la difficulté d'y arriver dépendra plutôt de leur éloignement que du régime des vents au-
» tour de la côte qu'ils veulent atteindre. En venant, par exemple, d'Europe ou de la côte d'Afri-
» que, ils seront plus vite arrivés à Saint-Pierre que sur une autre rade; c'est le contraire qui se
» présenterait dans les voyages intermédiaires sur l'Inde et les autres régions de l'Est. — Une
» observation analogue s'applique aussi aux navires qui auraient supporté des coups de vent au-
» tour de l'île. Les bâtiments, n'ayant d'autre chance de salut, dans ces circonstances, que d'ap-
» pareiller et de s'éloigner de la côte jusqu'à ce que l'ouragan soit passé, se trouvent dispersés,
» après le mauvais temps, sur des points éloignés en pleine mer, où ils sont parvenus en suivant
» des routes diverses, moins dépendantes du libre arbitre des capitaines que des événements, et
» leur situation rentre alors à peu près dans le cas qui vient d'être indiqué.

» S'il s'agit simplement d'avaries faites dans des déradages ordinaires, à la suite de fortes
» brises, sans qu'il y ait eu coup de vent, les navires auront, selon l'habitude, tenu le vent de
» manière à retourner à leur mouillage avec plus de facilité, et ils se verront alors en mesure de
» doubler la pointe sud de l'île en peu de temps, et d'atteindre ensuite Saint-Pierre, vent largue,
» sans difficulté.

» Ces objections sont donc plus spécieuses que solides. » . . . .

Nous ajouterons à ces motifs péremptoires, que des remorqueurs à vapeur, fonctionnant à
Saint-Pierre comme dans tous les ports, même les plus accessibles, rendraient facile l'entrée des
navires désemparés.

Cependant, ce port de Saint-Pierre, qui ne devait consister que dans la construction de deux
jetées, destinées à protéger contre l'action des grosses mers le bassin naturel, fermé par une
ceinture de coraux, semblait à M. l'Ingénieur en chef suffisant pour abriter les navires du plus
fort tonnage.

« Lorsque la jetée sera achevée (disait-il dans le même rapport), le port sera fait, puisque les
» bâtiments pourront stationner avec sécurité dans le bassin qu'elle couvrira, et que rien n'empê-
» chera de le mettre immédiatement en service.

» On pourra ensuite exécuter à loisir tous les travaux d'amélioration et d'agrandissement dont
» il sera susceptible. Le calme profond et à peu près non interrompu dont ce port jouira, rendra
» facile l'enlèvement et le dérasement des pâtés de corail isolés dans le milieu de son enceinte,

» la régularisation des bords des récifs sur les deux rives et les autres travaux accessoires, dont
» la nature et l'importance ne comportent pas une appréciation exacte en ce moment. »

Les limites du premier projet n'étaient pas cependant tellement déterminées, que M. Bonnin ne
dût entrevoir la possibilité de le modifier ou de l'agrandir.

Il ajoutait :

« Les nuages qui nous voilent encore les améliorations d'avenir empêchent de comprendre
» dans ce projet d'autres ouvrages que la jetée Est, et même d'invoquer leur réussite future
» comme un argument péremptoire en sa faveur. » . . . .

Peu de temps après, M. Bonnin se rendit à Paris pour soutenir la discussion de son projet devant le Conseil des travaux de la marine, qui l'adopta avec quelques additions.

Il revint ensuite à la Réunion pour diriger ces travaux, auxquels une subvention d'un million avait été allouée par le Corps législatif, sur la proposition du Gouvernement.

Pendant le séjour de M. l'Ingénieur en chef à Paris, le Ministre avait été informé que des dégâts avaient été occasionnés par les ras de marée aux ouvrages en cours d'exécution.

M. Bonnin fut appelé à fournir des explications à ce sujet, et il s'exprime ainsi dans son rapport au Prince-Ministre :

« L'examen attentif des effets produits par le dernier ras de marée doit jeter un jour complet
» sur la question, attendu que les travaux se trouvaient alors assez avancés pour subir
» l'épreuve d'une grosse mer, dans des conditions identiques à celles qui doivent se produire
» désormais jusqu'à leur achèvement.

» Aussitôt que je serai de retour dans la colonie, je me transporterai à Saint-Pierre pour
» examiner l'état des choses et en apprécier la gravité. J'espère que les faits corroboreront l'opi-
» nion favorable que je conserve relativement au succès de l'entreprise ; mais si mon attente se
» trouvait déçue, je ferais connaître *nettement mon opinion*, quelques regrets que je doive éprou-
» ver, en exprimant, s'il y a lieu, l'avis que les travaux doivent être abandonnés. »

. . . .

Ainsi qu'il s'y était engagé, M. Bonnin visita de suite les travaux de Saint-Pierre, et adressa au Ministre un rapport dans lequel il disait :

« L'ingénieur chargé, en chef, du service des ponts-et-chaussées à la Réunion, s'est transporté à
» Saint-Pierre, aussitôt après son arrivée dans la Colonie, pour examiner la situation des travaux,
» et pour constater les avaries qu'a éprouvées la jetée en construction, pendant le ras de marée
» du 6 juin dernier.

» Les sondages qu'il a faits avec le concours de M. Maillard, ont donné des résultats conformes
» aux renseignements déjà fournis sur ce sujet par cet ingénieur.

» Cette vérification démontre d'une manière incontestable que les matériaux provenant de la
» démolition de la partie supérieure de la jetée, sur 26 mètres de longueur, n'ont pas été dispersés
» par les vagues. . . . .

» Le soussigné exprime donc l'avis qu'il y a lieu de continuer les travaux avec une activité
» plus grande que par le passé, en appelant de tous ses vœux la métropole à l'aide de la colonie
» pour assurer le succès de l'entreprise. »

Sept ans à peine nous séparaient du jour où le gouverneur Hubert-Delisle avait posé la première pierre, et déjà une transformation complète frappait d'admiration tous ceux qui avaient vu l'ancienne plage de Saint-Pierre !

Le succès avait dépassé toutes les prévisions !

M. le gouverneur, baron Darricau, qui avait succédé à M. Hubert-Delisle, n'avait pas cessé

de suivre d'un œil attentif, et de favoriser de sa haute compétence l'exécution de cette entreprise.

Il était convaincu de son heureuse issue.

Aussi, disait-il au conseil municipal de Saint-Pierre le 5 juillet 1860 :

« Votre port ne peut plus faire l'objet d'un doute; il existe, c'est un fait.... Quant à ceux qui
» doutent encore, répondons-leur en donnant au port son véritable nom, celui de Port de la
» Réunion. » . . . .

. . . .

» Dans la conception du port de Saint-Pierre, il y avait une grande hardiesse, c'est un mérite
» que je n'ai pas eu.

» Dans l'exécution du port de Saint-Pierre, il y a encore une grande hardiesse ; ce mérite ne
» m'appartient pas davantage. Il est tout entier à M. Bonnin ; j'espère bien qu'il continuera son
» œuvre jusqu'à la fin ; qu'à ces travaux s'attachera son nom, dont le souvenir ne périra jamais
» dans la colonie. C'est une gloire (qu'il me permette de le lui dire) que je ne suis pas sans lui
» envier. »

« Le port de Saint-Pierre, dans le principe, ne devait être qu'un bassin abrité, dans lequel
» serait entré un bien petit nombre de navires pour s'y décharger promptement, puis faire place à
» d'autres en allant s'exposer eux-mêmes à tous les dangers de nos côtes.

» Aujourd'hui, nous voulons plus : nous voulons un port sûr, vaste, commode, qui puisse
» abriter tout le commerce de la colonie ; et tout nous fait espérer la réussite de ce projet. »

C'est dans cette circonstance que M. l'ingénieur en chef Bonnin, interpellé devant M. le Gouverneur, répondait : « Ingénieur des ponts-et-chaussées, travaillant dans la sphère de mes fonctions,
» quelle que fût ma conviction sur l'avenir des travaux entrepris, je ne me serais pas cru autorisé à
» la manifester. Mais aujourd'hui, fort de l'approbation des hommes du métier, et du marin
» distingué placé à notre tête, mettant toute modestie de côté, je me permets de proclamer la
» certitude qu'un port sera créé à Saint-Pierre. »

Les prévisions de M. Bonnin se réalisaient : de nouvelles perspectives s'étaient ouvertes à son
esprit.

L'enceinte du bassin naturel était désormais protégée par deux jetées ; mais il était impossible
de se borner à ce résultat, lorsqu'il était facile de créer un établissement maritime complet.

Des sondages avaient été faits dans le récif Ouest, et avaient démontré que le creusement d'un
bassin dans cette partie du littoral, déjà abrité, d'un côté, par la jetée Ouest, et, de l'autre, par la
ligne des brisants, ne présentait aucune difficulté sérieuse.

M. Maillard, ingénieur colonial, spécialement attaché à l'exécution de ces travaux, fut, par suite
de la maladie dont se trouvait alors atteint M. Bonnin, chargé par M. le Gouverneur de rédiger un
rapport sur les études entreprises dans ce but; de présenter le projet d'un établissement complet
dans cette partie, avec l'évaluation de la dépense nécessaire pour son exécution.

Ce rapport, accompagné de plans et devis, fut approuvé par M. l'ingénieur en chef, et remis
par M. Maillard à M. le Gouverneur le 1ᵉʳ mai 1861.

Voici quels sont les éléments de ce nouveau projet, fruit de longues études et d'une expérience laborieusement acquise sur les lieux.

. . . .

. . . .

« Le bassin projeté dans le récif Ouest de Saint-Pierre se composerait, ainsi qu'il résulte du
» plan ci-joint résumant les études de M. l'ingénieur en chef Bonnin :

» 1° De barrages d'enceinte à l'est, au sud et à l'ouest. Ces barrages auraient 6 m. de largeur

» au sommet, 4 m. 50 c. de hauteur au-dessus des basses mers, des talus intérieurs en maçon-
» nerie, et des talus extérieurs en blocs perdus d'un mètre cube maximum. .

» 2° D'un vaste musoir vers le large, lequel serait destiné à faciliter les manœuvres qui
» pourraient être nécessaires pour l'entrée des navires, et surtout à abriter la passe : ce musoir,
» fondé en blocs factices et construit en maçonnerie dans sa partie supérieure, serait rempli à l'in-
» térieur de débris de coraux provenant des fouilles.

» 3° D'un musoir construit dans les mêmes conditions que le précédent, et limitant le côté nord
» de la passe.

» 4° De quais intérieurs de 20 m. de largeur avec revêtement en béton pour la partie sous l'eau ; le
» reste étant construit en maçonnerie ordinaire. Ces quais seraient élevés de   m. 50 c. au-dessus
» du niveau des basses mers. Les travaux de creusement consisteraient en un bassin de 200 mètres
» de côté, dont la profondeur varierait de 5 m. 50 c. à 7 m. selon que le permettrait le fond résis-
» tant indiqué par les sondes jointes au plan, et aussi en une passe ouverte dans le récif sur une
» largeur minimum de 20 mètres.

» S'il devenait nécessaire d'agrandir le bassin projeté, ou d'y adjoindre d'autres bassins,
» l'inspection seule de l'ensemble du plan en démontre la possibilité même par des travaux bien
» moins coûteux que ceux ci-dessus décrits, puisque la passe et les musoirs seraient communs à
» tous les ouvrages, et qu'il suffirait d'ouvrir une tranchée dans le barrage Ouest pour
» donner entrée à un ou deux autres bassins qui pourraient être construits à la suite du premier.

. . . .

. . . .

» J'ai dû, sur l'avis de M. l'ingénieur en chef, comprendre dans ce travail l'exécution d'une
» forme de radoub, qu'il considère comme le complément indispensable du projet qui nous
» occupe. Cette forme, dont l'entrée s'ouvrirait au milieu du quai Nord, aurait 100 m. de long,
» 25 m. de largeur à la partie supérieure, et 5 m. 50 de profondeur au-dessous du niveau des
» basses mers, ce qui permettrait au besoin d'y entrer par 6 m. 50 c. d'eau en choisissant
» l'heure des fortes marées ordinaires.

» En terminant, M. le Gouverneur, je crois devoir vous faire remarquer qu'il n'est pas indis-
» pensable d'entreprendre immédiatement tous les ouvrages décrits au présent projet, et que le
» port pourrait être ouvert à un certain nombre de navires avant que la moitié des travaux ne
» soit exécutée ; on pourrait même utiliser de suite la forme de radoub, soit en creusant tout
» d'abord la partie du bassin dans laquelle s'ouvre son entrée, soit en creusant un chenal se diri-
» geant vers cette forme. »

Le devis de ce projet, dont nous ne reproduirons pas le détail, s'élève, y compris la construction d'une forme de radoub, à la somme de 7,000,000 de francs.

Il reçut l'approbation de M. le Gouverneur qui, à ce sujet, s'exprimait ainsi, en ouvrant la
session dernière du Conseil général :

« Les travaux entrepris pour la création d'un port à Saint-Pierre ont été continués cette année
» au moyen d'une subvention de trois cent mille francs accordée par la Métropole, et c'est encore
» le prolongement de la jetée de l'Est qui a formé la partie principale des ouvrages exécutés
» dans le cours de cette campagne. Mais en même temps que l'on s'occupait de cette jetée, qui
» exigeait pour sa construction des matériaux d'un très-grand volume, l'on dirigeait vers le récif
» de l'Ouest tous les blocs de moyenne grosseur, et l'on commençait les digues d'enceinte d'un
» bassin projeté sur l'emplacement de ce récif. Les facilités que présentait l'établissement de ces
» digues ont déjà permis d'abriter d'une manière à peu près complète l'espace à creuser pour la
» création du bassin dont il s'agit, et même d'entreprendre le creusement, à titre d'essai, d'une

» portion de ce bassin. L'exécution de ces divers ouvrages, ainsi que les nombreux sondages pra-
» tiqués sur tous les points de l'enceinte à approfondir, ont démontré que le creusement s'opérait
» facilement et que l'établissement du bassin et d'une forme sèche pour les radoubs ne présen-
» terait aucune difficulté d'ordre supérieur. La dépense est évaluée à *sept millions*, d'après
» un devis sommaire annexé à un projet qui a été soumis à Son Excellence le Ministre de la
» marine : il sera mis sous les yeux du Conseil, ainsi que la réponse favorable que nous avons
» reçue de Son Excellence. »

M. le Gouverneur, ne voulant pas que l'exécution de ce projet fût retardée, demandait au Conseil
général un crédit de 200,000 francs et de 90,000 journées, dont il déterminait ainsi l'emploi :

« Le crédit demandé pour 1862 sera appliqué à la construction de la tête définitive de la
» jetée de l'Est, et aux ouvrages relatifs à l'établissement du bassin et de la forme de radoub
» projetés sur le récif de l'Ouest. »

Ce projet et ce plan ont été approuvés par le Conseil des travaux de la marine, qui, en y apportant trois modifications, dans le sens d'une plus grande extension, a désormais tranché la
question d'une manière éclatante et définitive.

Ces changements consistent :

1° Dans l'élargissement de la passe du bassin intérieur porté de 20 mètres à 25 ;

2° Dans le creusement de ce bassin, jusqu'à 7 mètres au-dessous du niveau des basses eaux,
au lieu de 6 mètres proposés ; et cela, en vue de faciliter les mouvements des bateaux trans-
atlantiques ;

3° Dans l'addition d'un patent-slip.

Ainsi, en jetant les yeux sur le plan ci-joint, on voit que, ces travaux achevés, la métropole
possédera à la Réunion un établissement complet, comprenant :

1° Un bassin naturel profond, protégé par deux jetées, avec une passe à l'abri de tout en-
sablement ;

2° Un bassin intérieur pouvant contenir de 40 à 50 navires ;

3° Une forme de radoub ;

4° Un patent-slip.

Voici maintenant le résumé des travaux exécutés jusqu'à ce jour, et dont la longueur totale est
de 1,104 mètres :

1° Jetée Est, ayant un prolongement de 319 mètres, une hauteur de 4 mètres 50 au-dessus
des basses mers, et une largeur, à la plate-forme, de 8 mètres.

Elle est formée de blocs bruts extraits du banc basaltique situé à son enracinement. Ces
blocs bruts pèsent en moyenne 3,000 kilos par mètre cube ; il en a été transporté un certain
nombre de 14, et beaucoup de 12 mètres cubes.

Ces matériaux forment à la base un empatement qui, jusqu'à présent, a résisté aux plus
furieux efforts de la mer.

Ils sont, à la sortie de la ligne des récifs, immergés dans une profondeur d'eau qui atteint
progressivement jusqu'à 15 mètres.

2° Jetée Ouest, ayant un prolongement de 312 mètres de long sur une largeur de 7 mètres, et
une hauteur de 4 mètres 50 au-dessus des basses mers.

3° Épi de la petite passe, ayant une longueur de 98 mètres.

4° Barrages du bassin intérieur, ayant un développement de 375 mètres.

Ces travaux ont coûté jusqu'à ce jour 2,645,400 francs.

Ainsi qu'il résulte du tableau suivant :

Dépenses en argent :

Fonds métropolitains.	1,000,000 fr.
Fonds coloniaux	330,500
Fonds fournis par la commune de Saint-Pierre. . .	470,700
Fonds provenant de souscriptions.	35,300
Total des dépenses en argent.	1,836,500 fr.

A ajouter :

Pour 539,300 journées estimées 1 fr. 50 l'une. . . .	808,900
Total égal	2,645,400 fr.

Sur ces 539,300 journées, 513,000 ont été fournies par les ateliers de la colonie, et 26,300 par ceux de la commune de Saint-Pierre.

Dans cette dépense sont compris le matériel, l'outillage, les rails, le logement des travailleurs, etc., que nous n'estimons pas moins de 400,000 francs.

Voilà ce qui a été fait avec ces modestes ressources, et malgré l'insuffisance d'une première installation, malgré les embarras et les contre-temps inévitables au début de toute entreprise nouvelle.

Ce qui reste à faire sera achevé! Il le sera prochainement! Nous en avons pour garants les paroles formelles de M. le Gouverneur, l'opinion déclarée de M. l'Ingénieur en chef et l'approbation du gouvernement de Sa Majesté.

Le doute est-il désormais possible?

Les contradictions systématiques et obstinées se résigneront-elles au silence, en présence de tant de faits patents, de tant de documents officiels, de tant d'autorités imposantes?

Nous n'osons l'espérer.

Récemment encore, une protestation s'élevait, solitaire, il est vrai, contre la création du port de Saint-Pierre.

Nous ne lui opposerons pas notre opinion personnelle. Nous l'avons dit: dans des questions aussi spéciales, on ne doit tenir compte que des décisions de la science.

Et il nous paraît que l'opinion de M. l'Ingénieur en chef Bonnin, que l'avis du Conseil général des travaux de la marine répondent suffisamment à cette protestation un peu hasardée.

Ce n'est pas tout: C'est à l'étang de Saint-Paul, disait-on, que la nature a marqué la place d'un port commode et sûr, immense et facile à creuser.

Devant une assertion aussi tranchante, nous nous effacerons pour laisser parler M. l'Ingénieur en chef.

Dans son rapport à M. le Ministre de la marine et des colonies, en date du 8 août 1857, et que nous avons déjà cité, après avoir constaté la nature du fond du bassin de Saint-Pierre, de sa rade et des côtes avoisinantes, il disait :

« *Dans les autres localités, l'envahissement des sables ou des galets suivrait de près* » *l'exécution des ouvrages, et ferait perdre tout le fruit des sacrifices beaucoup plus grands* » *qu'il faudrait s'imposer pour y créer un port.*

» *La baie de Sainte-Rose et les abords du cap La Houssaye, à l'ouest de la rade de* » *Saint-Paul, sont les seuls points, après Saint-Pierre, qui paraîtraient offrir des ga-* » *ranties suffisantes contre le danger des ensablements, mais l'on ne pourrait y organiser* » *un port que par la construction d'ouvrages bien autrement considérables, et au moyen* » *de dépenses huit ou dix fois plus fortes.* »

Néanmoins, en 1861, la question d'un projet de port dans l'étang de Saint-Paul fut encore soulevée ; et le Gouverneur de la Réunion, se conformant aux ordres de M. le Ministre de la marine, nomma une commission pour examiner à nouveau la possibilité de cette création.

Cette commission se composait, remarquons-le, de 8 membres, dont :

1 président, M. Ch. Desbassins ;
1 ingénieur en chef ;
1 lieutenant de vaisseau, capitaine de port à Saint-Denis ;
2 négociants, ex-capitaines au long cours ;
2 maires et habitants de Saint-Paul ;
1 conseiller général, représentant aussi Saint-Paul.

M. l'Ingénieur en chef assistait à la première réunion, et émit sur les dangers des ensablements une opinion catégorique.

L'état de sa santé ayant motivé son départ pour l'Inde, il fut remplacé par M. Schneider, ingénieur, faisant par intérim les fonctions de chef du service, et par MM. Diomat et Guy de Ferrières, ingénieurs coloniaux en retraite.

Après des débats et des interrogatoires, où l'on vit appeler des capitaines du commerce, des négociants, des propriétaires, etc., etc.; les questions furent posées :

A la majorité de 7 voix contre 3, il fut décidé qu'un port était facile à creuser dans l'étang.

Mais, chose bien digne de remarque, la minorité, qui se prononça pour la négative, se composait de 3 hommes spéciaux, savoir : 2 ingénieurs et le lieutenant de vaisseau, capitaine de port, ou plutôt de 4 hommes spéciaux, si l'on veut bien compter M. Bonnin, ingénieur en chef, qui, avant son départ pour l'Inde, avait exprimé son opinion.

Enfin, conclusion définitive bien plus singulière ! « Les membres qui composaient la com » mission, *avouant pour la plupart* qu'ils ne sont pas *des hommes spéciaux en matière de* » *travaux publics*, crurent devoir émettre le vœu que 3 ingénieurs fussent envoyés de la mé » tropole, aux frais de la colonie, pour venir *vérifier* et *corroborer sans doute* les conclusions » qu'ils avaient formulées. » (Extrait de la brochure « *Un grand port à la Réunion*, par un habitant de Saint-Paul.)

On ne s'attendait certes pas, après un pareil jugement sur le fond de la question, à une aussi formelle déclaration d'incompétence.

Au sujet des ensablements qui, suivant l'opinion des hommes de l'art, seront toujours un obstacle capital, sinon absolu, à toute création dans l'étang de Saint-Paul, nous ne pouvons passer sous silence les résultats déduits par M. Bridet, lieutenant de vaisseau, capitaine de port à Saint-Denis, des plans existants dans les archives des ponts et chaussées, à la Réunion.

Quelques extraits, embrassant une période de sept mois seulement de l'année 1860, démontreront l'importance des mouvements de la plage à Saint-Paul.

Distance de la plage à la culée du pont de fer :

15 février 1860.	93 mètres.
26 février 1860.	39 »
17 mars 1860.	69 »
15 juin 1860.	88 »
11 septembre 1860.	94 »

En dernière analyse, quelle fut l'opinion du Conseil des travaux maritimes, sur cette création d'un port dans l'étang de Saint-Paul ?

Il estima que cette entreprise ne coûterait pas moins de 35 à 40 millions, *si elle était exécutable.*

Résumons-nous :

Assurément, il nous importait peu que ce fût Saint-Denis, ou Saint-Paul, ou Saint-Pierre qui vît se construire sur sa plage ce port, si nécessaire à la puissance maritime et aux relations commerciales de la France.

Un motif seulement nous eût fait désirer que la nature eût permis de l'entreprendre à Saint-Denis : Saint-Denis est le chef-lieu de l'île ; c'est une ville déjà considérable par sa population, c'est le siége de l'administration et de nos grands établissements publics, c'est le centre des affaires. A ces titres, la préférence lui aurait été due. Mais la configuration de son littoral, le mouvement perpétuel des galets sur sa plage, les essais infructueux déjà tentés, écarteront la supposition d'un pareil choix, tant que l'importance de la colonie ne comportera pas l'énormité des dépenses nécessaires à son exécution.

Saint-Paul ? Nous avons vu à quoi se réduisent les raisonnements de ceux qui l'ont préconisé, et comment ils ont été condamnés par les autorités les plus éminentes en matière de travaux maritimes !

Reste Saint-Pierre ?

Saint-Pierre a été indiqué comme un point hors de toute comparaison par l'ingénieur en chef, investi, pour cette mission spéciale, de toute la confiance de la métropole.

Les plans de M. Bonnin ont été approuvés, et même étendus, par le Conseil des travaux maritimes.

Le gouvernement de Sa Majesté, par un décret, et le Corps législatif, par le vote d'un million, ont consacré ce projet d'une manière définitive.

Le chef de la colonie, baron Darricau, avec un courage persévérant et une connaissance profonde des questions nautiques, a continué l'œuvre, si heureusement inspirée, de M. Hubert-Delisle, son prédécesseur.

Il a trouvé, dans le Conseil Général, un empressement patriotique à voter les fonds nécessaires ; et la session dernière s'est signalée par une allocation de 200,000 francs en argent et de 90,000 journées, soit une valeur totale de 335,000 fr. ; somme énorme, comparée au chiffre total du budget colonial ; somme dépassant de beaucoup les crédits les plus importants votés jusqu'à ce jour.

La ville de Saint-Pierre n'est pas restée en arrière dans la voie des sacrifices : administrée par M. F. Frappier, dont le zèle et l'intelligence se sont placés à la hauteur du projet, en sept ans elle a apporté à l'œuvre commune un contingent effectif de 510,000 francs, et elle restera jalouse d'y contribuer jusqu'à sa complète réalisation.

Les habitants eux-mêmes, animés d'une généreuse émulation, sont venus à l'aide à l'entreprise, avec leurs ressources personnelles. En ce moment, une nouvelle souscription s'organise parmi eux ; et cette offrande ne sera pas le dernier mot de leur patriotisme.

Ici, une compagnie puissante, encouragée par ce concours de circonstances, propose de faire construire à ses frais la forme de radoub, ne subordonnant son intervention qu'à cette condition qu'un vote de fonds garantisse l'achèvement des travaux.

Huit ans de dépenses et d'efforts ne seront pas perdus !

Les résultats éclatants déjà obtenus sont le gage d'un succès certain.

Et le port de Saint-Pierre, créant pour tous indistinctement la sécurité et la richesse, sera pour tous, comme le disait M. le baron Darricau, le *Port de la Réunion !*

Février 1862.